Alphabet républicain

666

6782

ALPHABET

RÉPUBLICAIN,

Avec lequel on apprend à lire
aux enfans, en les amusant
par des figures agréables,

SUIVI

De Conversations simples & à leur
portée, propres à leur inspirer
l'amour de la Liberté, de l'Égalité, &
de toutes les Vertus Républicaines ;

Et à les mettre en état de bien entendre
la Déclaration des Droits, & la
Constitution.

Par CHEMIN, Fils.

*

À PARIS;

À l'Imprimerie de L'AUTEUR, Rue
de Glatigny, n°. 7, en la Cité, au
bas du Pont de la Raison.

An II de la République.

Je mets ce petit ouvrage, fait pour préparer les enfans à l'intelligence de la déclaration des droits & de la constitution, sous la protection des loix, et sous la sauve-garde des bons citoyens, et je prie ceux qui voudront se le procurer, de n'avoir de confiance qu'aux exemplaires revêtus de ma signature.

Chemin

A — assemblée Nationale

B b — bucheron

C c — Campagne

D d *danse*

E e *enfant*

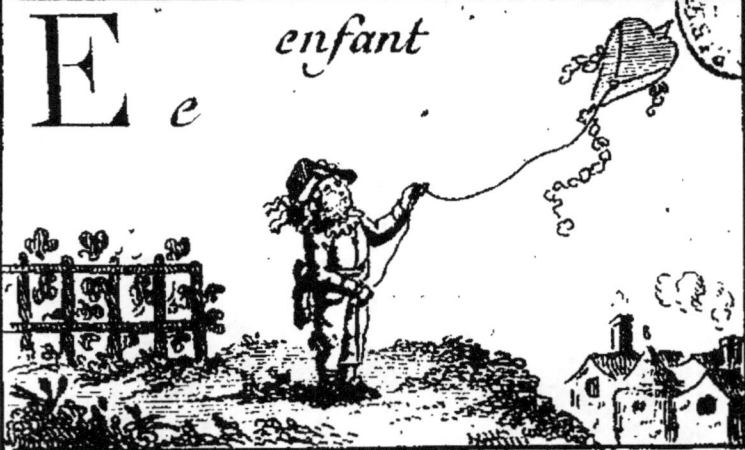

F f *forgeron*

G *guerrier*
g

H
h

I
i

imprimeur

J *j*

K *k*

L *l* *laboureur*

M *m* *Moissonneurs*

N *n* *Navire*

O o   P p   *pique*

Q q

R r   *ruche d'abeilles*

S s   *sabre*

T t

tonnelier

V v

vieillard

U u

X x
Y y

Z z

3

a b c d e f g h i j k l m n o
p q r s t u v x y z
A B C D E F G H I J K L
M N O P Q R S T U V X
Y Z

Lettres liées ensemble.

& ff ft fi ffi ff fl fi ffi æ œ

Voyelles.

a e i o u

Les autres lettres de l'alphabet
sont des *Consonnes.*

b c d f g h j k l m n p q r
s t v x z

A

Ponctuation.

, Virgule.
; Point-virgule.
: Deux Points.
. Point.
? Point interrogant.
! Point admiratif.

Accens.

´ Accent aigu.
` Accent grave.
^ Accent circonflexe.
' Apostrophe.

---

ba	bé	bê	be	bi	bo	bu
ca	cé	cê	ce	ci	co	cu
da	dé	dê	de	di	do	du
fa	fé	fê	fe	fi	fo	fu

ga	gé	gê	ge	gi	go	gu
ha	hé	hê	he	hi	ho	hu
ja	jé	jê	je	ji	jo	ju
la	lé	lê	le	li	lo	lu
ma	mé	mê	me	mi	mo	mu
na	né	nê	ne	ni	no	nu
pa	pé	pê	pe	pi	po	pu
qua	qué	quê	que	qui	quo	quu
ra	ré	rê	re	ri	ro	ru
sa	sé	sê	se	si	so	su
ta	té	tê	te	ti	to	tu
va	vé	vê	ve	vi	vo	vu
xa	xé	xê	xe	xi	xo	xu
za	ze	zé	ze	zi	zo	zu

---

bla	blé	blê	ble	bli	blo	blu
bra	bré	brê	bre	bri	bro	bru
chra	chré	chrê	chre	chri	chro
chru						
cla	clé	clê	cle	cli	clo	clu
dra	dré	drê	dre	dri	dro	dru
fra	fré	frê	fre	fri	fro	fru

A 3

gla	glé	glê	gle	gli	glo	glu
gna	gné	gnê	gne	gni	gno	gnu
gra	gré	grê	gre	gri	gro	gru
gua	gué	guê	gue	gui	guo	guu
pla	plé	plê	ple	pli	plo	plu
pra	pré	prê	pre	pri	pro	pru
pha	phé	phê	phe	phi	pho	phu
spa	spé	spê	spe	spi	spo	spu
sta	sté	stê	ste	sti	sto	stu
tla	tlé	tlê	tle	tli	tlo	tlu
tra	tré	trê	tre	tri	tro	tru
tha	thé	thê	the	thi	tho	thu
vra	vré	vrê	vre	vri	vro	vru

PREMIERE
CONVERSATION

Beauté de la Nature.

RE-GAR-DE, mon en-fant,
tout ce qui t'en-vi-ron-ne. Vois
le so-leil, qui é-clai-re & é-
chauf-fe la ter-re que nous ha-
bi-tons. Vois cet-te ter-re qui
nour-rit les hom-mes et les a-
ni-maux, et qui nous pré-sen-
te les plus a-gré-a-bles cou-leurs.
Vois ces ri-vi-è-res, dont les
eaux nous don-nent u-ne sa-
lu-tai-re bois-son, & ar-ro-sent
nos champs. Vois ces a-ni-maux,
dont les uns nous four-nis-sent
u-ne bon-ne nour-ri-tu-re, &
les au-tres des vê-te-mens. (Re-
gar-de la fi-gu-re de la let-tre

A 4

C, qui re-pré-sen-te la *Campagne.*)

La Beauté de la Nature prouve qu'il existe un Dieu.

Si tu fais attention à l'ordre et à la beauté de toutes ces choses, tu sentiras que ce monde, dans lequel tu es entré depuis quelques années, est conduit par un être puissant, que nous ne pouvons pas connoître, mais dont les grands ouvrages prouvent l'existence. Cet être puissant, cet être suprême, nous l'appellons DIEU.

Les Loix de Dieu sont dans notre cœur.

C'est à Dieu que nous devons tous l'existence. C'est lui qui nous a rendus capables de

connoître ce qui est bien et ce
qui est mal. C'est lui par conséquent, qui nous ordonne de
faire toujours ce qui est bien,
et de ne jamais faire ce qui
est mal. C'est en faisant toujours ce qui est bien, que nous
sommes heureux. C'est en faisant ce qui est mal, que nous sommes malheureux. Il n'y a pas
de bonheur pour le méchant.
Quand tu as bien fait, tu es
content, voilà le bonheur.
Quand tu as mal fait, ton cœur
te le reproche, voilà le mal-
heur, que le méchant ne peut
éviter, même quand son crime
est caché.

*La Religion consiste à suivre
les Loix de Dieu.*

Tu vois, mon enfant, que

A 5

les loix de Dieu sont aussi simples et aussi belles que ses ouvrages. Faire ce que notre cœur nous commande, ne pas faire ce qu'il ne commande pas, ou ce qu'il défend, c'est ce qu'on appelle la RELIGION NATURELLE. C'est la religion du sage. Car on est sûr de ne jamais se tromper, quand on suit exactement la voix de Dieu ou de la Nature, ce qui est la même chose. Or Dieu, ou la Nature, fait toujours entendre sa voix dans notre cœur, et jamais il ne la fait entendre autrement.

DEUXIEME
CONVERSATION.

Amour Paternel et Maternel.

LA terre produit tout ce qu'il faut aux hommes , pour les nourrir et les habiller. Mais ce n'est qu'à force de soins & de peines qu'ils lui font produire ce qui leur est nécessaire. Il faut donc que tous les hommes travaillent. Toi , mon enfant, qui n'as pas encore assez de forces, tu ne sais pas ce que c'est que travailler, & cependant tu manges , & tu uses des habillemens. Si personne n'avoit soin de toi, tu mourrois de faim , car tu ne sais pas encore gagner de quoi vivre ; tu as donc bien des obligations à ton PERE

& à ta MERE, qui ont travaillé & qui travaillent pour te
procurer toutes les choses nécessaires à ton existence. Vois
comme ils t'aiment. Leur plus
grand plaisir est de te voir, de
t'embrasser. La nuit, le jour,
ils veillent à ta conservation. Ils
te nourrissent, ils te vêtissent,
ils t'instruisent. Aime les donc
autant qu'ils t'aiment. Crains de
perdre leur amitié. Car tu serois
bien malheureux, s'ils ne t'ai-
moient plus ; & ils seroient for-
cés de ne plus t'aimer, si tu ne
leur marquois pas d'amitié, si
tu ne faisois pas ce qu'ils dési-
rent, si tu ne voulois rien apprendre, si enfin tu faisois ce
que ton cœur te défend, par ex-
emple, si tu étois méchant avec
tes camarades, si tu prenois
des choses qu'on ne t'auroit

pas données , &c. Profite aussi des instructions que ton pere et ta mere te donnent, ou te font donner , afin que tu sois en état, le plutôt possible, de gagner toi-même ta vie. Car rien n'est plus méprisable, que le paresseux qui ne sait ou qui ne veut pas travailler , & qui a besoin des autres pour vivre.

TROISIEME

CONVERSATION.

Les Travaux de la Campagne.

VA dans les champs. Tu sauras combien le pain que tu manges coûte de peines et de sueurs. Vois ces hommes , qui, appuyés sur une charrue, tracent dans la terre de profonds sillons. Vois les ensuite marchant à grands pas dans les champs sillonnés, jetter le grain qui en doit produire d'autres. Vois les encore, lorsque ce grain est poussé, s'arracher au repos dès la pointe du jour, et le dos courbé et brûlé par l'ardeur du soleil, recueillir la moisson. Si tu pouvois suivre ces hommes respectables dans tous leurs travaux, tu verrois combien ils rendent service à leurs semblables. Aussi aime et respecte toujours les bons habitans de la campagne. Ce sont les hommes les plus utiles, puisqu'ils sont nos peres nourriciers. L'art qu'ils exercent, qu'on appelle L'AGRICULTURE, est le premier de tous les arts, puisque c'est lui qui nous procure les choses nécessaires à la vie.

(Regarde les figures des lettres B, L, M, qui représentent quelques travaux de la campagne, ceux du *Bûcheron, du Laboureur, des Moissonneurs.*)

QUATRIEME
CONVERSATION.

Le Gouvernement.

POUR que les hommes vivent, il faut, non seulement qu'ils cultivent la terre, mais encore qu'ils se gouvernent, c'est-à-dire qu'ils établissent entr'eux le bon ordre, afin qu'un

individu ne fasse rien qui soit
nuisible à un autre. Car si
ce bon ordre n'étoit pas établi,
le plus fort pourroit tuer le
plus foible, pour prendre sa
dépouille, & tous les hommes se
détruiroient les uns les autres.

Le Peuple.

Une masse d'individus réunis
pour vivre sous le même gou-
vernement, s'appelle PEUPLE,
ou NATION.

L'Égalité.

Le Peuple seul est souverain,
c'est-à-dire maître, & seul il
peut se donner des loix à lui-
même. Car *tous les hommes
étant égaux par la nature,* aucun homme ne doit imposer de
loi à un autre. Aussi, dans

une société bien réglée, telle que la grande société du Peuple Français, qui s'est délivrée des tyrans, c'est-à-dire de ceux qui vouloient être maîtres du peuple, c'est le peuple lui-même qui fait ses loix, & qui veille à leur exécution.

La République.

Une pareille société, où le peuple est souverain, & où tous les citoyens sont égaux, c'est-à-dire ont les mêmes droits, s'appelle RÉPUBLIQUE. C'est le meilleur de tous les gouvernemens.

La Loi.

Lorsque le peuple est trop nombreux, pour pouvoir discuter les affaires publiques avec

la promptitude qu'elles exigent
souvent, il nomme des représentans, qui se réunissent en
commun pour rendre sur les cas
pressés, des décrets auxquels
on doit obéir, & pour proposer
au peuple des loix qu'il accepte
ou qu'il rejette. Quand plus
de la moitié du peuple a accepté
une loi proposée par ses représentans, *la loi est formée*, &
dès lors tous les citoyens doivent
s'y soumettre ; car il faut que
le plus petit nombre se conforme
à la volonté du plus grand
nombre.

Le peuple charge aussi des
citoyens de faire exécuter les
loix, & de punir ceux qui ne
les exécutent pas.

Tous ces citoyens, à qui le
peuple confie ses pouvoirs,
s'appellent, les uns représentans

du peuple, les autres administrateurs, les autres juges.

La Liberté.

Un bon citoyen doit leur obéir quand ils agissent d'après les loix. Mais quand ils violent les loix, c'est un crime de leur obéir. Car on ne peut être bon citoyen, qu'en conservant sa liberté, & la LIBERTÉ consiste à n'obéir qu'aux loix. Celui qui obéit à un homme qui n'agit pas en vertu de la loi, n'est plus un homme libre; c'est un esclave, c'est-à-dire le plus vil & le plus lâche de tous les hommes. (Regarde la figure de la lettre A, qui représente *l'Assemblée Nationale.*)

CINQUIEME

CONVERSATION.

Le Défenseur de la Patrie.

NOTRE PATRIE est le pays qui nous a vus naître. Nous devons par conséquent veiller à sa conservation, même au péril de notre vie. Car il vaut mieux qu'un homme périsse, plutôt que de voir la Patrie, et ceux qui l'habitent, tomber au pouvoir de l'ennemi. Ainsi quand la Patrie est attaquée, nous sommes tous soldats, et nous devons tous être prêts à marcher, soit pour réduire les méchans qui ne veulent pas obéir aux loix, soit pour repousser les ennemis du dehors, qui voudroient se

rendre maîtres de nos person-
nes, de nos biens, et faire de
nous, leurs esclaves.

Le Peuple Français a juré
d'être libre, c'est-à-dire de
n'avoir jamais d'autre maître
que lui-même, et jamais il ne
recevra la loi d'aucun homme
ni d'aucun peuple, parce que
la servitude est le plus grand
des malheurs. Pendant que
parmi nos freres, les uns travaillent dans les champs pour
la nourriture de tous, et que
d'autres chargés du gouver-
nement, s'occupent du bonheur
du peuple, les Défenseurs de
la Patrie répandent leur sang
pour conserver notre liberté,
et empêcher que nos campagnes et nos maisons ne soient
ravagées par le fer et le feu
de nos ennemis. Aussi la nation

B

ne laisse pas leurs glorieux travaux sans récompense. (Regarde les figures G, P, S, qui représentent *un Guerrier, une Pique, & un Sabre.*)

SIXIEME

CONVERSATION.

Arts & Métiers.

TU as vu, mon enfant, le vertueux habitant des campagnes, arroser la terre de ses sueurs, pour en tirer la nourriture du Peuple ; tu as vu le dépositaire des pouvoirs du Peuple, travaillant à son bonheur, en faisant exécuter les loix ; tu as vu le guerrier braver les danges & la mort pour

défendre sa patrie ; une quatrieme classe d'hommes mérite
encore ton admiration & ta
reconnoissance : ce sont ceux
qui s'occupent de travaux utiles
à la société, les hommes livrés
aux ARTS & MÉTIERS, &
au COMMERCE.

Vois ce vigoureux forge-
ron, qui donne au fer la forme
qu'il veut, & qui d'un métal
dur & grossier, fait une arme
terrible & commode ; vois cet
adroit menuisier, qui façonne
le bois, & le rend propre à
toutes sortes d'usages ; vois ce
patient maçon, qui avec la
pierre brute, bâtit des maisons
aussi agréables que solides ;
vois cet ingénieux imprimeur
qui multiplie rapidement les
productions de la pensée, & fait
connoître en un moment à toute

la France ce que le représentant a dit à la tribune de l'Assemblée Nationale. Vois aussi l'industrieux commerçant, qui fait jouir ses concitoyens de toutes les marchandises qui leur sont nécessaires, & que souvent il fait venir de pays éloignés.

Voilà les hommes utiles à la société ; voilà les seuls hommes qui méritent de l'estime. Tous les oisifs, qui ne savent rien faire, ou qui ne s'occupent que d'objets inutiles à la société, lui sont à charge, & sont des êtres méprisables & dangereux, qu'un peuple libre & républicain devroit rejetter de son sein, comme les abeilles laborieuses chassent de leurs ruches les frelons paresseux.

(Regarde les figures des lettres F, I, T, qui représentent les hommes occupés à différens métiers, tels que le *Forgeron*, *l'Imprimeur*, le *Tonnelier*, & les figures N , P , S , qui représentent différens ouvrages de l'art, tels qu'un *Navire* , ou vaisseau, une *Pique*, un *Sabre* ; & enfin regarde la figure de la lettre R, qui représente une *Ruche*, près de laquelle sont les abeilles laborieuses.

SEPTIEME
CONVERSATION.

L'Enfance.

APRÈS avoir vu les différens travaux de la société, tu seras bien aise de connoître

B 3

les différens âges de la vie humaine.

Chaque âge a ses plaisirs & ses devoirs. Le premier âge de la vie est l'ENFANCE : c'est l'âge de la foiblesse, & où l'on a plus besoin des autres que jamais. C'est aussi l'âge de l'innocence. C'est pour cela que tout le monde aime les enfans, excepté quand ils sont méchans & paresseux. On demande peu de chose à l'enfant. Car il n'a pas encore assez de forces pour travailler beaucoup. Mais il peut bien apprendre à lire ; cela n'est pas difficile, & ceux qui ne savent ni lire ni écrire, sont bien malheureux. Tu seras bien content quand tu sauras lire. Cela te rendra capable d'apprendre d'autres choses qui te seront utiles, & qui te procureront bien des agrémens

Fais tout ce qu'on te deman‑
de. Car ceux qui te conduisent
sont trop raisonnables pour te
demander des choses au dessus
de tes forces. Fais tout de bon
cœur : ce qu'on fait de mauvaise
humeur n'est jamais bien fait.
Quand on te permet de jouer,
joue de bon cœur. Il est bon que
les enfans jouent, mais seule‑
ment après avoir bien travaillé.

Quand tu es avec tes cama‑
rades, sois bon & complaisant
avec eux. Car ce sont tes freres
& tes égaux. *Ne fais pas à
ton camarade ce que tu ne
voudrois pas qu'il te fît, &
fais pour lui tout ce que tu
voudrois qu'il fît pour toi*, ex‑
cepté le mal. Sois toujours joy‑
eux, excepté quand tu as mal
fait, ou quand tu vois quel‑

qu'un mal faire, ou souffrir.
Du reste, ne sois jamais triste;
il n'y a que le méchant qui
puisse être triste. L'enfant sage
est toujours content. (Regarde
la figure de la lettre E, qui
représente un *Enfant.*)

HUITIEME
CONVERSATION.

La Jeunesse.

LA JEUNESSE est le
second âge de la vie. Un enfant
qui a bien profité, ne doit plus
être un enfant après douze ou
treize ans ; il entre dans la
jeunesse. C'est l'âge d'apprendre
pour toute la vie. Dans la jeu-

nesse, on apprend des choses plus difficiles que celles qu'on a apprises dans l'enfance. On travaille plus long-tems , & avec plus d'assiduité. On joue encore dans la jeunesse, mais ce n'est plus à des jeux frivoles, c'est à des jeux utiles, qui donnent de la force ou de l'adresse, comme la course , la danse, l'exercice des armes, &c. C'est aussi l'âge d'apprendre un métier. Après les premieres années de la jeunesse, on doit savoir gagner sa vie, pour se rendre utile à la société , & n'être plus à charge à ses parens. C'est aussi dans la jeunesse qu'il faut apprendre les loix de son pays, pour s'accoutumer de bonne heure à les suivre exactement, à se conduire toujours en bon citoyen, à aimer sa patrie plus que soi-même, plus même que sa famille, & à chérir par dessus tout la liberté & l'égalité, qui seules peuvent faire le bonheur des hommes. (Regarde la figure de la lettre D, qui représenre une danse de jeunes gens.)

NEUVIEME

CONVERSATION.

L'Age Mûr.

C'EST le troisieme âge de la vie. Il commence à vingt-un ans. C'est dans L'AGE MUR qu'on met à profit tout ce qu'on a appris dans l'enfance & dans la jeunesse. C'est à cet âge

qu'on peut être le plus utile à
la société , parce que c'est à
cet âge que les facultés du corps
& de l'esprit sont le plus déve-
loppées. A cet âge, l'homme
& la femme , pleins d'ardeur
& de forces, travaillent pour
s'assurer les moyens d'exister
le reste de leur vie , pour
soutenir la vieillesse de leurs
pere & mere, pour élever leur
famille. L'homme , dans les
champs, dans les emplois pu-
blics, dans les armées , dans
son commerce , ou dans son
métier , prépare le bonheur
de sa patrie & le sien. La femme dans son ménage , fait le
bonheur de son mari & de ses
enfans. Tous-deux ; par l'exem-
ple de toutes les vertus , méritent l'estime de leurs concitoyens. A cet âge, l'homme qui

a de la force dans le caractere,
sent tout le prix de la liberté,
& est prêt à périr plutôt que
de se la voir arracher par des
tyrans. (Regarde la figure de la
lettre A , qui représente des
hommes occupés du gouverne-
ment à *l'Assemblée Nationale*,
& les figures des lettres B, G,
I, L, M, T, qui représentent
des hommes occupés à des
travaux utiles, comme *le Bûche-*
ron, le Guerrier, l'Imprimeur,
le Laboureur, les Moissonneurs,
le Tonnelier.)

DIXIEME

CONVERSATION.

La Vieillesse.

APRÈS l'enfance, la jeunesse & l'âge mûr, vient le quatrieme & dernier âge de la vie, qu'on appelle la VIEILLESSE, & qui commence, lorsque les forces de l'âge mûr s'épuisent. C'est l'âge du bonheur pour les bons ; ils jouissent du respect de la jeunesse. Toute leur vie passée leur rappelle les bonnes actions qu'ils ont faites, les vertus qu'ils ont pratiquées, les services qu'ils ont rendus à leurs semblables. Ce souvenir fait le charme de leur vieillesse. Ils attendent la mort avec calme. La mort de l'homme

vertueux est un doux sommeil.
Cet âge au contraire est le
tourment des méchans, à qui
leur conscience reproche toutes
leurs mauvaises actions. La mort
est affreuse pour eux, & ils finis-
sent leur détestable vie au
milieu des remords & des crain-
tes.

La vieillesse est l'âge du repos. Celui qui a pu mettre à
part le fruit de son travail,
en jouit alors. Celui dont le
travail ne lui a pas procuré de
quoi vivre dans la vieillesse,
doit être nourri & soigné par
ses enfans, s'il en a qui soient
en état de le faire; & s'il n'en
a pas, la nation vient à son
secours. Car la nation n'aban-
donne que ceux qui, pouvant
travailler, ne le veulent pas.
Mais le vieillard, dont les for-

ces sont épuisées , doit être secouru par ses concitoyens. (Regarde la figure de la lettre V , quireprésente un *vieillard*.)

———————————

Tu as vu , mon enfant, dans les différentes professions , & dans les différens âges que je t'ai indiqués , la carriere que tu pourras parcourir. Pour te bien conduire toute ta vie , il faut te bien conduire à présent. Si tu te fais aimer dans l'enfance , tu sauras te faire aimer par la suite , & tu seras toujours heureux , & toujours digne de l'être.

VIVE LA LIBERTÉ ,
l'Égalité, a Fraternité !
VIVE LA RÉPUBLIQUE,
Une & Indivisible!

Chiffres Arabes.

1 un , 2 deux , 3 trois, 4 quatre , 5 cinq , 6 six , 7 sept, 8 huit , 9 neuf , o zéro.

Chiffres Romains.

I un , II deux, III trois , IV quatre , V cinq , VI six , VII sept, VIII huit , IX neuf , X dix , XI onze , &c. XX vingt, XXX trente , XL quarante, L cinquante , LX soixante , XC quatre-vingt-dix , C cent , CC deux cents, CCC trois cents, CD quatre cents , D cinq cents , M mille.

FIN.

De l'Imp. de CHEMIN, Éditeur du *Journal des Inventions dans les Arts & Métiers*, Rue de Glatigny , N°. 7 , en la Cité, au bas du Pont de la Raison.

www.ingramcontent.com/pod-product-compliance
Lightning Source LLC
LaVergne TN
LVHW022038080426
835513LV00009B/1114